Mein Abc-Lesestart

Liebe Eltern,

jedes Kind ist anders. Eines kennt bereits alle Buchstaben in der Vorschule und kann sie zu Wörtern formen. Ein anderes lernt das Abc beim Eintritt in die Schule. Für das spätere Leseverhalten ist das völlig unerheblich. Wichtig aber ist der Spaß am Lesen – und zwar von Anfang an. Darum orientiert sich unsere konzeptionelle Entwicklung von Lesetexten an den unterschiedlichen Lernentwicklungen der Kinder.
Unser Bücherbär-Erstleseprogramm umfasst deshalb verschiedene Reihen für die Vorschule und die ersten beiden Schulklassen. Sie bauen aufeinander auf und holen die Kinder dort ab, wo sie sind.

Die Bücherbär-Reihe **Mein Abc-Lesestart** richtet sich an Leseanfänger nach dem Abschluss des Buchstabenlernens. Die besonders übersichtlichen Leseeinheiten und kurzen Zeilen sind ideal zum Lesenlernen, zudem erleichtern Bildergeschichten das Textverständnis. Lustige Buchstaben- und Leserätsel regen zum Nachdenken und zum Gespräch über die Geschichten an. Denn Kinder, die viel Gelegenheit zum Sprechen haben, lernen auch schneller lesen.

Frauke Nahrgang
Millis erster Schultag

Frauke Nahrgang
wurde 1951 in Stadtallendorf geboren, wo sie auch heute mit ihrem Mann und zwei Kindern lebt. Als Grundschullehrerin beschäftigte sie sich viele Jahre intensiv mit dem Erstleseunterricht. Auch als Kinderbuchautorin hat sie sich einen Namen gemacht und veröffentlicht zahlreiche Bilderbücher und Bücher für Erstleser.

Katja Jäger
wuchs in Pirna bei Dresden auf. Schon in der ersten Klasse wusste sie, dass sie Illustratorin werden möchte. Am liebsten entwickelt sie tierische Figuren. Sie lebt mit ihrer Familie in der Nähe von Remscheid und genießt die täglichen Runden mit ihrem Hund durch den Wald. Die Farbe Grün und Frösche hat sie besonders gern.

1. Auflage 2016
© Arena Verlag GmbH, Würzburg 2016
Alle Rechte vorbehalten
Einband und Innenillustration: Katja Jäger
Gesamtherstellung Westermann Druck Zwickau GmbH
ISBN 978-3-401-70891-1

www.arena-verlag.de

Frauke Nahrgang

Millis erster Schultag

Mit Buchstaben- und Leserätseln

Mit Bildern von Katja Jäger

Arena

In dieser Geschichte spielen mit:

Milli

Benno

Frau Eule, die Lehrerin

Schwierige Wörter im Text:

Heute ist
Millis erster Schultag.
Sie ist jetzt
eine echte Schulmaus.

Milli läuft los.
Den Weg kennt sie genau.

Aber was ist das?
In der Schule
sind alle
viel größer als Milli.

Bestimmt ist Milli
noch viel zu klein.
Sie traut sich nicht
hinein.

Frau Eule kommt.
Die Lehrerin
schaut aber streng.
Auch das noch!

Milli versteckt sich
unter einem Pilz.
Ängstlich schaut sie
aus ihrem Versteck.

Die Schule beginnt.
Frau Eule sagt:
„Zuerst machen wir Purzelbäume."

Juhu!
Das macht Spaß!
Sofort purzeln alle
um die Wette.

Nur Benno Bär
kann keinen Purzelbaum.
Nanu?
Das ist doch ganz leicht.

Armer Benno!
Milli möchte
ihm helfen.
Aber sie hat Angst.

Benno sieht traurig aus.

Bestimmt weint er gleich.

Da hält Milli
es nicht mehr aus.
Sie schleicht
aus ihrem Versteck.

Heimlich
zeigt Milli Benno,
wie es geht.
Dann üben sie zusammen.

Endlich
kann der Bär es auch.
Glücklich
purzelt er los.

Schnell huscht Milli
wieder unter den Pilz.
Das ist gerade so
noch mal gut gegangen.

Nun holt Frau Eule
bunte Farben herbei.
Sie sagt:
„Jetzt malen wir Bilder."

Juhu!
Sofort pinseln alle los.
Jeder malt,
was ihm gefällt.

Aber was ist mit Benno?
Der arme Bär
macht nur dicke Kleckse.

Milli muss Benno
noch einmal helfen.
Sie malen eine Maus
und einen Bären.

Jetzt aber schnell
zurück ins Versteck!

Doch da ruft Frau Eule:
„Wer ist denn das?"

Ach du Schreck!
Frau Eule
hat Milli entdeckt.
Nun ist alles aus!

Millis Herz klopft laut.
Ob die Lehrerin
mit ihr schimpft?

Aber auf einmal
schaut Frau Eule
gar nicht mehr streng.
Sie lacht sogar.

Frau Eule sagt:
„Willkommen
in der Schule,
liebe Maus."

Milli wundert sich.

Frau Eule
lacht freundlich.

Du bist genau richtig.

„Juhu!", ruft Benno.
Er packt Milli
und tanzt mit ihr
im Kreis herum.

Benno kann gut tanzen.
Da tanzen alle mit.
Sogar Frau Eule.

Milli freut sich.
„Endlich bin ich eine echte Schulmaus", sagt sie glücklich.

Buchstaben- und Leserätsel

Was reimt sich?

Frau Eule staunt,

und glaubt es kaum.

Benno macht

'nen _____.

Was ist der richtige Name?

Der **B**är heißt **B**enno.

Die **M**aus heißt **M**illi.

Das **W**ildschwein heißt _____.

Robert   **W**illi   **P**aul

Silbenrätsel

Den hat die Maus ganz neu:

zen   ran   Schul

Wo wohnt das Reh?

Die Anfangsbuchstaben verraten es dir.

Das Reh wohnt im _____ .

____   ____   ____   ____

Die Lösungen findest du auf der übernächsten Seite.

**Die Geschichte könnte
auch so anfangen:**

Der Elefant
kommt in die Schule.
Aber dort
sind alle viel …

Wie geht
die Geschichte weiter?

Lösungen

So heißt es richtig:
Frau Eule staunt,
und glaubt es kaum.
Benno macht
'nen Purzelbaum.

Das **W**ildschwein heißt **W**illi.

Die Maus hat einen neuen
Schul-ran-zen.

Das Reh wohnt im **Wald.**

W   A   L   D

1. KLASSE

Mein Abc-Lesestart

DIE NEUE REIHE ZUM LESESTART

- Große Fibelschrift und kurze Zeilen
- Bildergeschichten erleichtern das Leseverständni
- Mit Buchstaben- und Leserätseln

Tilda Apfelkern – Beste Freunde und ein Regenbogen-Picknick
978-3-401-70849-2

Pirat Krabbe auf Abenteuerfahrt
978 3 401-70850-8

Jeder Band: Ab 5/6 Jahren • Mein Abc-Lesestart • Durchgehend farbig illustriert
48 Seiten • Gebunden • Format 17,5 x 24,6 cm

Mit Bücherbärfigur am Lesebändchen und Bildergeschichten

Innenseite aus »Millis erster Schultag«

Die Reihe »Mein Abc-Lesestart« richtet sich an Leseanfänger nach dem Abschluss des Buchstabenlernens. Mithilfe von Bildergeschichten und kurzen Leseeinheiten ist das Erlesen einer ersten durchgehenden Geschichte kinderleicht.

In Zusammenarbeit r

. KLASSE

Allererstes Lesen

Tilda Apfelkern und ein ganz besonderer Gast
Freundschaftsgeschichten
978-3-401-70556-9

Millas magischer Schultag
Lustige Schulgeschichten
978-3-401-70602-3

Schwein gehabt!
Lustige Tiergeschichten
978-3-401-70422-7

Erdbeerinchen Erdbeerfee
Lustige Zaubergeschichten
978-3-401-70685-6

Jeder Band: Ab 5/6 Jahren • *Allererstes Lesen* • Durchgehend farbig illustriert
48 Seiten • Gebunden • Format 17,5 x 24,6 cm

t Bücherbärfigur
n Lesebändchen
d Leserätseln

t Bilder-
d Leserätseln

Einfache Geschichten mit kurzen Zeilen

Große Fibelschrift und Zeilentrennung nach Sinneinheiten

Viele farbige Bilder

Innenseite aus »Zack und seine Freunde«
ISBN 978-3-401-70073-1

Die Reihe »Allererstes Lesen« ist auf die Fähigkeiten von Leseanfängern abgestimmt: Übersichtliche Leseeinheiten und kurze Zeilen sind ideal zum Lesenlernen. Die ausdrucksstarken Bilder unterstützen zudem das Textverständnis.

In Zusammenarbeit mit **westermann**